लालटेन

अनुभूतियों की रोशनी

निशीथ कुमार सिन्हा

BookLeaf Publishing
India | USA | UK

Made with ❤ on the BookLeaf Publishing Platform
www.bookleafpub.in
www.bookleafpub.com

Dedication

मेरी पुस्तक श्रद्धेय पापा स्व. देवेन्द्र कुमार सिन्हा तथा ममतामई मां
स्व. कृष्णा सिन्हा के चरण कमलों में सादर समर्पित है !!

: निशीथ कुमार सिन्हा

Preface

पुस्तक के बारे में:

यह मेरी २१ कविताओं का एक संग्रह है जो आत्म-बोध और जीवन के अनुभवों पर आधारित है | आशा है कि इसे पढ़कर आपको अच्छा लगेगा

| निशीथ कुमार सिन्हा |

लेखक का संक्षिप्त परिचय :

नाम-निशीथ कुमार सिन्हा

स्थान- लौहनगरी जमशेदपुर (झारखंड)

शिक्षा- बी टेक (इलेक्ट्रिकल इंजीनियरिंग) नेशनल इंस्टीट्यूट ऑफ टेक्नोलॉजी,जमशेदपुर

पेशा- टाटा स्टील में कार्यरत

साहित्यिक उपलब्धियां प्रकाशित पुस्तकें - दिल जो भी कहेगा , छोटी सी आशा (काव्य संग्रह) ।

अन्य योगदान : दो म्यूजिक वीडियो " ओ मां " तथा " इल्तज़ा " में गीतकार के तौर पर योगदान दे चुके हैं ।

Acknowledgements

मुझे प्रोत्साहित करने के लिए मैं अपने परिवार के सदस्यों तथा समस्त पाठकगण का आभार व्यक्त करता हूं !!

अपनी पुस्तक इतनी सुगमता से प्रकाशित करने का अवसर देने के लिए बुकलीफ पब्लिकेशन बधाई के पात्र हैं !!

1. बेचारा मन

मानो ठिठुरते ..
सर्द रातों को लिए,
कोई घूमता हो ,
थमती जुबां ..
ओस चारो ओर बिखरा ,
और मन बेचारा ..
तपती धूप में ..
जैसे सुखा हुआ हो !!
तन एक हरे पेड़ जैसा
टहनियों को पकड़ने की ..
भरपूर कोशिश करता ,
आसमान पर आंखे टिकाता,
दूर गए पंछियों को ..
फिर से वापस बुलाता,
गीत गाता और सुनाता ..
बादलों से बरसात की..
इक गुहार करता ..
इस सूखे मन को..
अपने साथ भिगोने की..
उम्र भर चाहत लिए !!

2. आकृति

श्वेत दुग्धधवल सरिता में
उभरता एक शांत भाव,
निर्लिप्त, निश्चल, निष्काम,
प्रश्नचिहनों की कतारे,
उभर आती हैं जब तब, यहाँ वहाँ !!

काल के श्वेत पन्नों पर,
जी उठती हैं कुछ टेढ़ी मेढ़ी आकृतियाँ,
और फिर, घुल जाती हैं,
अनगिनत मुखरित रेखायें,
बालुओं के ढेर पर !!

3. अतीत

आंखे बंद कर ..
पल भर के लिए,
हो सके ..
तुम मुझे बुला लेना !!
गली के उस पार
कुछ पुराने गीतों की,
धुन गुनगुनाते,
या..
कोरे कागज पर ,
शब्दों को सजाते,
एक संगीत –
या एक कविता बन ,
शीतल बयार -
या एक सरिता बन ,
दिख जाऊंगा ..
अतीत का एक युग बनकर,
उस पल भर के लिए !!

4. सियार की शादी

जाड़े में बरसात,
बरसात में खिली धूप,
धूप में खेलते मुस्कुराते ..
अपनी धुन में जश्न मनाते,
कुछ मासूम और चंचल बच्चे,
मानो हमें बताते..
"हर खुशियों की बड़ी वजह नहीं होती,
देखो बरसात वाली धूप में..
सियार की शादी है,
आओ मिलजुलकर ..
इसकी खुशियां मनाते हैं !!

5. मन का मौसम

आजकल शब्दों का मिजाज भी..
कुछ मौसम की तरह हो गया है निशीथ !
कभी तो बेबसी में सुख जाता है,
और कभी इतना बरसता है..
कि सब कुछ भींग जाता है !!
कभी सर्दी की ठिठुरन बन ..
हमको सताता है
और कभी बसंती बयार बन ..
आजकल शब्दों का मिजाज भी..
कुछ मौसम की तरह हो गया है निशीथ !!
कभी तो बेबसी में सुख जाता है,
और कभी इतना बरसता है..
कि सब कुछ भींग जाता है !!
कभी सर्दी की ठिठुरन बन ..
हमको सताता है
और कभी बसंती बयार बन ..
हजारों उम्मीदें जगाता है !!

6. एक चेहरा

कई चेहरों के पीछे मर्माहत..
एक चेहरा,
कई चेहरों के बीच खुद को ढूढ़ता..
एक चेहरा,
कई चेहरों के सामने मुस्कुराता ..
एक चेहरा,
कई चेहरों में कभी ना दिखने वाला..
एक चेहरा !!
वो एक चेहरा कोई पहेली है..
या एक सार्थक तथ्य ?
जो जीवन की विविधताओं को ..
अपने में समेटे –पल पल ..
आगे बढ़ता रहता है !!

7. अभिलाषा

ना अंधियारे की बात हो,
ना लंबी गहरी रात हो !!

जहां देखूं, वहां उजाला हो,
पीने को प्रेम प्याला हो !!

ना नफरत, ना कोई रंजिश हो,
ना टकराने की साजिश हो !!

ना ख्वाब कोई अधूरा हो,
जो देखूं तो वह पूरा हो !!

8. एक तुम

उजली धूप में तुम हो,
स्याह रात में तुम हो,
मधुर गीतों की धुन तुम –
थिरकते ताल में तुम हो !!
मेरी मुस्कान में तुम हो,
मेरे हर दर्द में तुम हो,
मेरे नज्मों में बसे तुम-
मेरी जज्बात में तुम हो !!
मेरे भावों की संरचना,
हर एहसास में तुम हो,
तुम एक हकीकत ..
मेरे विश्वास में तुम हो !!

9. लालटेन

कहां याद है अब ,
कब कैसे आपने..
लालटेन जलाया था ?
हर रोज सुबह होने से पहले,
हाथ में लालटेन लेकर ,
उठाती थी बड़े प्यार से ,
कभी हल्के से डांट कर !!

कुछ बनने बनाने की..
कहां कोई शर्त रखी थी आपने ?
बस मां..
आप चाहती थीं ..
कि हम पढ़ लिखकर ..
अच्छे इंसान बनें !!

आज अपने में..
जब आपको ढूढता हूं..
जीवन के संघर्ष में
लालटेन की रोशनी ..
याद आती है ..

और प्रकाश चतुर्दिश फैल जाता है !!

भावों को अपने में समेटे हुए ,
अतीत की सुबह ममता बन ,
मानो फिर जगाती हो-
यादाश्त की प्रखरता ,
स्मृतियों को जागृत कर ,
मानो बन गई है..
प्रेरणा का सतत अभिप्राय !!

10. धुआं

धुआं..
जो अधमरी सिलवटी चेहरे पर,
उड़कर धीरे-धीरे घेर लेता है,
एक संपूर्ण अस्तित्व को एक पाश की तरह,
जल उठता है,
सारा का सारा जीवन,
महज इसकी लघु तीव्रता से !!
वह धुआं,
एक शब्द,
एक पीड़ा,
एक दर्द,
एक अनुभूति,
एक अनियमित गति था !!
एक धुआं,
अब भी है कोई तीव्र पाश नहीं,
वरन उसने भी,
रंग, रूप,
स्वरूप सारा का सारा अस्तित्व ही बदल डाला है !!
केवल नाम ही है,
बस धुआं,

सारा का सारा जीवन है
एक सतत गतिशील प्रवाह!!

11. प्रेम के दो शब्द

ना वहम, ना कोई अपेक्षा हो,
ना कटु सत्यों की समीक्षा हो,
हां कभी कभी गुणगान करो,
कुछ मेरा भी सम्मान करो !!
ना कुछ पाने की इच्छा हो,
ना रिश्तों की परीक्षा हो,
दो शब्द प्रेम के जो कह दो,
मैं याद रखूंगा जीवन भर !!

12. बचपन

यादों का गलीचा ,
आज फिर कुछ धूल से सना,
कुछ गीला, थोड़ा मटमैला सा !!
नंगे पांव बरसात में भीगता बचपन,
कीचड़ को हवा में उछालने की -
शरारत भरी कोशिशें,
कागज की कश्ती के साथ साथ चलते -
नन्हे सुनहरे सपने !!
गुल्ली डंडा या कबड्डी,
लुका छिपी या डेंगा पानी ?
हर खेल में जीतने या हारने के बाद –
खिलखिलाते या मुंह फुलाए मासूम चेहरे ?
धूल से भरी गलियों में,
या कभी पानी से लबालब रास्तों पर ?
दौड़ते, गिरते, चलते वो नन्हे कदम !!
यादों का गलीचा ,
आज फिर धूल से सना -
कुछ गीला, थोड़ा मटमैला सा !!

13. अदृश्य

प्यार दिखता है,
तो दिखा दो ..
मैंने इसे सदा..
अदृश्य पाया है !!
कभी बातों में,
कभी जज़्बातों में..
कभी शब्दों में ,
कभी ख्यालातों में !!
जब भी ढूढने
की कोशिश की ..
पाया वो ..
अपना ही साया है !!

14. अनुभूति

उतप्त अनलकण को छूकर,
हिम का स्पर्श किया तूने,
फिर सलिल बना हिम का अंतस,
फूटी फिर कितनी धारायें !!
अनिल अनलकण से मिलकर,
क्यों बुनता है ताने-बाने,
अब इन अजस्त्र धाराओं का,
मोल भला तू क्या जाने ?
जीवन की सदगति गति है जब,
रोको मत इनको बहने दो.
मौन, शांत, स्मित अधरों से,
अपनी बातों को कहने दो !!
यूँ जला रहा है खुद को क्यों ?
क्यूँ जीकर फिर तू मरता है ?
क्यूँ पीता है नित नवीन गरल,
मूर्ख अरे क्या करता है ?

15. यादें

ना खिड़की..
ना दरवाजे ,
एक बंद कमरा,
और ..
ऊंची लंबी दीवारें !!
अंधेरे की कैद में,
आंखें तकती ,
हकीकत से दूर ..
यादों के झरोखे से ..
जिंदगी को ..
पास से देखने की ..
पुरजोर कोशिश में !!

16. शून्य

शून्य ..
एक सार्थक सत्य ,
जो मनोभावों को स्पर्श करता ,
शास्वत चिरंतन विषयों में समाहित ..
गणित की महत्ता बताता ,
धरा से सुदूर गगन में चिन्हित -
शुन्य का विज्ञान समझाता ,
अंतर्मन की गहराइयों में जाकर -
सुप्त भावों को जीवंत बनाता ,
सत्य असत्य , सही गलत ,
सीमित , असीमित ,
मूल्यों का सही आकलन कर -
विश्वास से परे आवर्धित ;
अंको की सार्थकता -
या ब्रह्माण्ड में समाहित विज्ञान का -
एक अप्रतिम सूचक बन ;
हरेक परिभाषा के सीमा से परे -
सार्वभौमिकता का एक अभिप्राय शून्य !!

17. अल्बम

एक पुराना धूल से भरा अल्बम,
मुस्कुराहटें –
थोड़ी धूमिल ,
जीवन्त मुखरित होने को अभिलाषित !!
समय की गति या युग परिवर्तन ?
नये कलिष्ट प्रश्न,
आधे अधूरे उत्तर,
उत्तीर्णता एक संतोष,
कोतूहल से देखती तस्वीरें ..
मानो समझने की
कोशिश में क्या तक़दीर
या कोई और ..
सारे प्रश्नों के उत्तर जानते हैं ?

18. अनुभव

मन की गहराई में..
अनुभव का एक खजाना है !!
कुछ रिश्तों के जेवर जैसे..
ताउम्र जिन्हें निभाना है !!
कुछ ख्वाब अधूरे हो जैसे..
हकीकत जिन्हें बनाना है !!
कुछ दर्द मिला, तन्हाई भी ..
रफ्ता रफ्ता जिन्हें भुलाना है !!
जो दोस्त बने, फिर बिछड़ गए,
उन्हें वापस फिर बुलाना है !!
मन की गहराई में..
अनुभव का एक खजाना है !!

19. मकान

ना दस्तक देना,
ना कुछ कहना मुझसे,
ना दीवारों पर कोई रंग भरना !!
गर आना चाहो तो..
चुपके से तुम कभी भी ,
आकर बस यूं हीं,
घर के कोने में,
कलम से सफेद कागज पर,
एक गीत लिख देना !!
यूं जानते हो तुम भी ..
ये दिल का मकान..
कुछ खुला खुला सा है,
अपने रंग में रंगा ,
अनकहे एहसासों की खामोशियां में ,
अनमोल हसरतों की गहराइयों में,
बस थोड़ा..
सुकुन चाहता है !!

20. सही वक्त

खोजते रहे हम ,
सही वक्त ,
वक्त से मिलने को !!
फिर वक्त ने मुस्कुराकर -
एक दिन मुझसे पूछा ,
" क्यों मिलने को मुझसे -
तुम्हे वक्त ना मिला ? "
वक्त का इशारा -
फिर समझ में आने लगा ,
वक्त जैसा भी हो -
अब मुझे भाने लगा !!

21. स्पर्श

सुदूर प्राची में
धीरे - धीरे रक्तिम चेहरे पर,
हलकी मुसकान बिखेरता,
एक मनचले, दंभी युवक की भाँति
सूरज दूर- बहुत दूर चला जाता है।
भावुक हो जाता हूँ मैं,
भूल जाता हूँ पलभर के लिए,
सदियों से प्रमाणित सत्यों को
और कर उठता हूँ प्रश्न,
"क्या धरती के मानव.
कुछ देख नहीं पाएंगे ?"
विचारों के उधेड़बुन में फँसा फँसा,
सहसा चौक जाता हूँ ,किसी के स्पर्श से,
पुलकित हो जाती है अवनी और अंबर,
पाता हूँ मैं तन में प्रकाश का स्प्वर्श ,
तम में बिह्सते चाँद का स्पर्श !!